Daniel Wiechmann

SUPPEN LOW-CARB

Leckere Rezepte zum Abnehmen und Schlankbleiben

riva

Bibliografische Information der Deutschen Nationalbibliothek
Die Deutsche Nationalbibliothek verzeichnet diese Publikation in der Deutschen Nationalbibliografie. Detaillierte bibliografische Daten sind im Internet über http://d-nb.de abrufbar.

Für Fragen und Anregungen:
info@rivaverlag.de

Originalausgabe
1. Auflage 2016

Nymphenburger Straße 86
D-80636 München
Tel.: 089 651285-0
Fax: 089 652096

Redaktion: Caroline Kazianka
Umschlaggestaltung: Laura Osswald
Umschlagabbildung: Ekaterina Markelova/Shutterstock.com, Anna Shkolnaya/Shutterstock.com
Satz: Satzwerk Huber, Germering
Druck: Florjancic Tisk d.o.o., Slowenien
Printed in the EU

ISBN Print 978-3-86883-967-8
ISBN E-Book (PDF) 978-3-95971-312-2
ISBN E-Book (EPUB, Mobi) 978-3-95971-313-9

Inhalt

Low-Carb-Suppen – Einfach, praktisch, vielfältig

Abnehmen ohne Hungerkuren und Diät? Mit der Low-Carb-Ernährung funktioniert das. Kein Wunder, dass dieser kohlenhydratbewusste Ernährungsstil immer mehr Anhänger findet. Bewusstes Essen statt Verzicht. Fit und satt durch den Tag statt lästiges Magenknurren. Die Low-Carb-Ernährung hat viele Vorteile.

Low-Carb-Suppen ermöglichen jedem einen besonders unkomplizierten Einstieg in diese Art der Ernährung. Suppen sind einfach und schnell zuzubereiten. Sie lassen sich gut lagern und spielend leicht transportieren – z. B. in einem Thermobecher. So muss man nicht einmal im Büro oder unterwegs auf Low-Carb verzichten. Stichwort: Low-Carb To Go.

Mit Low-Carb-Suppen kann man immer und überall an seinem Ernährungsplan festhalten.

In diesem Buch wird die ganze Vielfalt dieser Suppenwelt vorgestellt: leichte, erfrischende Sommersuppen ebenso wie herzhafte Suppen für kalte Wintertage, Fisch- und Fleischsuppen, exotische Asia-Suppen, Klassiker aus Omas Küche, Suppen, die gesund machen und entschlacken, sowie gehaltvolle Low-Carb-Suppen, die Sportlern genügend Energie fürs Training liefern, ohne den Stoffwechsel zu belasten.

Doppelter Vorteil: Bereits Suppen an sich tun dem Körper einfach gut. Wer regelmäßig Suppen isst, nimmt automatisch weniger Kalorien zu sich. Suppen sind leicht zu verdauen, dank Gemüsebasis nährstoffreich und enthalten meist viele Kräuter und Gewürze, die unserem Stoffwechsel und unserem Immunsystem auf die Sprünge helfen. Mit Low-Carb-Suppen essen Sie sich daher nicht nur schlank, sondern auch gesund.

Guten Appetit!

5 Pluspunkte für Low-Carb-Suppen

+ leicht zuzubereiten
+ können überallhin mitgenommen werden (Low-Carb To Go)
+ lassen sich auf Vorrat kochen
+ sind nährstoffreich und leicht verdaulich
+ wirken positiv auf das Immunsystem

Low-Carb – So geht's richtig

Der Verzicht auf Kohlenhydrate (KH) ist keine Erfindung der Neuzeit. Bereits in den 70er-Jahren erklärte ein gewisser Robert Atkins, wie man mit einer Low-Carb-Ernährung ganz ohne Diätstress abnehmen oder aber sein Gewicht halten kann. Heute gehört die Atkins-Methode zu den Diätklassikern. Das Prinzip dahinter ist genial: Low-Carb kurbelt den körpereigenen Fettstoffwechsel an.

Kohlenhydrate sind ein wichtiger Bestandteil unserer Nahrung. Unser Körper braucht sie, um richtig zu funktionieren, vor allem unser Gehirn und unsere Muskeln. Dabei sind Kohlenhydrate nichts anderes als mehr oder weniger komplexe Zuckermoleküle, sogenannte Sacharide. Und davon enthält unserer Nahrung mittlerweile viel zu viele, vor allem in Form von reinem Zucker, der sich in horrenden Mengen in Erfrischungsgetränken, Fruchtsäften, Süßigkeiten, aber auch in Wurst verstecken kann. Das Problem dabei: Werden Kohlenhydrate von unserem Körper nicht unmittelbar verwertet, werden sie in Fett umgewandelt und eingelagert. Die Pölsterchen an Bauch, Rücken oder Hüfte zeugen davon.

Abnehmen mittels Ketose

Reduziert man nun die Kohlenhydrate in der Nahrung, greift der Körper genau diese Fettdepots wieder an, um seinen natürlichen Kohlenhydratbedarf zu decken. Dieser Vorgang nennt sich Ketose, und er funktioniert am besten, wenn man vor allem beim Abendessen auf Kohlenhydrate verzichtet. So wird der Fettstoffwechsel für längere Zeit aktiviert. Sport – vor allem Krafttraining – verstärkt den Fettabbau. Wer dann noch auf Eiweiß und viel Wasser als Appetitzügler setzt und so seine Kalorienzufuhr im Griff hat, nimmt ohne Probleme ab. Selbst für Normalgewichtige oder Freizeitsportler, die einfach nur definierter aussehen wollen, eignet sich Low-Carb. Bei ihnen wirkt bereits eine konsequente Low-Carb-Suppenwoche Wunder.

Gute Kohlenhydrate, böse Kohlenhydrate

Ganz wichtig: Low-Carb ist nicht gleich No-Carb. Kohlenhydrate an sich sind nichts Schlechtes. Allerdings gibt es »gute« und »böse« Kohlenhydrate. Schaut man sich die Zuckermoleküle genauer an, bestehen diese aus unterschiedlichen komplexen Bausteinen. Es gibt Einfachzucker wie die Fructose, die in Obst vorkommt, Zweifachzucker (z. B. Milchzucker oder in Schokolade) und Mehrfachzucker (z. B. in Getreide, Hülsenfrüchten, Kartoffeln). Je komplexer ein Zuckermolekül aufgebaut ist, desto länger braucht der Körper, um es aufzuspalten. Und je länger unser Körper dafür braucht, desto länger ist er satt. Einfachzucker, die schnell verdaut werden, lassen leider auch schnell wieder Hunger aufkommen. Wer abnehmen will, sollte daher auf die »guten« Kohlenhydrate aus Mehrfachzucker setzen.

Welche Menge an Kohlenhydraten soll man täglich essen?

Der Kohlenhydratbedarf ist genau wie der Kalorienbedarf eine individuelle Größe. Er hängt davon ab, wie sehr man sich körperlich betätigt, wie groß der Grundumsatz ist, wie viele Muskeln der Körper versorgen muss und, und, und. Dennoch gibt es Richtwerte, an denen man sich orientieren kann. Als Faustregeln gelten:

Ab 300 g KH pro Tag: Sie nehmen garantiert und kontinuierlich zu.

150–300 g KH pro Tag: Sie werden nach und nach dicker. Zwar sehr langsam, aber in der Summe spürbar.

120–150 g KH pro Tag: Sie halten (mit etwas Sport) Ihr Gewicht ohne Probleme.

50–120 g KH pro Tag: Ab hier herrscht Kohlenhydratmangel. Ihr Körper stellt auf die Verbrennung von Körperfett (Ketose) um. Sie nehmen ab, sollten aber – sobald Ihr Idealgewicht erreicht ist – wieder mehr Kohlenhydrate essen.

Weniger als 50 g KH pro Tag: Das geschieht beispielsweise beim Fasten. Über einen längeren Zeitraum ist diese Form der Ernährung nicht ratsam und sollte nur bei entsprechend sorgfältiger Anleitung durchgeführt werden.

Bei den Rezepten finden Sie immer Nährwertangaben. Kcal steht für Kalorien, KH für Kohlenhydrate, E für Eiweiß und F für Fett.

Sommersuppen

Tomatensuppe mit Käsecroûtons

Ergibt: 8 Portionen * Zubereitung: 30 Min.
Nährwerte (pro Portion): 151 kcal, KH: 13g , E: 5g , F: 8g

Einkaufsliste:
Für die Croûtons:
100 g Weißbrot
50 g Käse
(z. B. Emmentaler)
3 EL Butter

Für die Tomatensuppe:
2 EL Olivenöl
½ Zwiebel
2 Knoblauchzehen
Salz
¼ TL Paprikapulver
(edelsüß)
500 ml Tomaten
(in Stücken)
400 ml Gemüsebrühe
Pfeffer

So wird's gemacht:

1. Das Weißbrot in Würfel schneiden. Die Würfel in der Mitte einschneiden und in den Spalt ein Stückchen Käse legen. Das Brot fest andrücken.
2. Butter in einer Pfanne bei mittlerer Hitze erwärmen. Die Croûtons von zwei Seiten goldbraun braten (ca. 4 Min. pro Seite), dann beiseitelegen.
3. Olivenöl in einen Topf geben und bei mittlerer Hitze erwärmen. Die Zwiebel schälen, fein hacken und im Öl anschwitzen (ca. 4 Min.).
4. Den Knoblauch schälen, fein hacken und zusammen mit etwas Salz und Paprikapulver zu den Zwiebeln geben. Unter Rühren kurz anschwitzen (ca. 1 Min.).
5. Tomaten und Gemüsebrühe in den Topf geben. Aufkochen. Danach Suppe ca. 15 Min. köcheln lassen.
6. Die Suppe mit einem Stabmixer pürieren. Mit Salz und Pfeffer abschmecken. Zusammen mit den Käse-Croûtons servieren.

Wer die Tomatensuppe cremiger mag, kann sie mit etwas Sahne verfeinern.

Rote-Bete-Suppe

Ergibt: 2–3 Portionen * Zubereitung: 20 Min.
Nährwerte (pro Portion): 390 kcal, KH: 10g , E: 7g , F: 34g

Einkaufsliste:
1 rote Zwiebel
2 Rote Bete
1 Stk. Ingwerknolle (1 cm)
½ rote Chilischote
1 EL Butter
200 ml Gemüsebrühe
100 ml Weißwein (trocken)
½ Orange
200 ml Sahne
3 EL Petersilie
etwas Mehl
1 EL Olivenöl
3 EL Schnittlauch

So wird's gemacht:

1. Die Zwiebel schälen, fein hacken. Die Rote Bete waschen, schälen und in Streifen schneiden. Den Ingwer schälen und in feine Streifen schneiden. Die Chilischote waschen, entkernen und in grobe Würfel schneiden.
2. Butter bei mittlerer Hitze in einem Topf erhitzen. Zwiebel, Rote Bete, Ingwer und Chili darin anschwitzen (ca. 3–4 Min.).
3. Gemüsebrühe und Weißwein angießen. Die halbe Orange auspressen und den Saft hinzugeben. Aufkochen. Hitze reduzieren und 15 Min. ziehen lassen.
4. Sahne hinzugeben und noch mal 5 Min. ziehen lassen.
5. In der Zwischenzeit die Petersilie waschen, trocken schütteln und in grobe Stücke zupfen. Diese in Mehl wälzen und in einer Pfanne mit Olivenöl knusprig braten. Auf einem Küchenpapier abtropfen lassen.
6. Den Schnittlauch waschen, trocken schütteln und klein hacken.
7. Die Suppe mit dem Stabmixer pürieren (eventuell durch ein Sieb passieren). Mit Salz und Pfeffer abschmecken.
8. Die Suppe in Teller geben. Mit Petersilie und Schnittlauch garnieren und servieren.

Als Topping eignen sich knusprig gebratene Speckwürfel oder ein Klecks Crème fraîche.

Geeiste Gurkensuppe

Ergibt: 2 Portionen * Zubereitung: 2 Std. 30 Min.
Nährwerte (pro Portion): 124 kcal, KH: 16g , E: 6g , F: 4g

Einkaufsliste:

1 Salatgurke (ca. 400 g)
1 TL eingelegter Ingwer (Sushi-Ingwer oder Gari)
1 Knoblauchzehe
Zitronensaft
¼ TL Cayennepfeffer
Pfeffer
Salz
Zucker
200 ml Joghurt (oder Sahne)

So wird's gemacht:

1. Die Gurke schälen, halbieren und die Kerne mit einem Löffel entfernen. Das Gurkenfleisch in Würfel schneiden und in einen Topf geben.
2. Den eingelegten Ingwer, den geschälten und fein gehackten Knoblauch, einen Spritzer Zitronensaft, Cayennepfeffer, frisch gemahlenen schwarzen Pfeffer, Salz und eine Prise Zucker zur Gurke geben und vermischen.
3. Alles mit einem Stabmixer gut pürieren.
4. Joghurt mit einem Schneebesen in die Gurkenmasse einarbeiten.
5. Suppe für 1–2 Std. in den Kühlschrank stellen und durchziehen lassen.
6. Vor dem Servieren unbedingt noch einmal gut durchrühren und mit Salz abschmecken.

Als Topping eignen sich z. B. geröstete Sesamkerne oder Räucherlachs.

Artischockencremesuppe

Ergibt: 2–3 Portionen * Zubereitung: 60 Min.
Nährwerte (pro Portion): 431 kcal, KH: 24g , E: 7g , F: 30g

Einkaufsliste:
1 Zitrone
2 große Artischocken (à 400 g)
1 Zwiebel
2 Knoblauchzehen
3 EL Olivenöl
1–2 Lorbeerblätter
125 ml Weißwein (trocken)
500 ml Gemüsebrühe
50 ml Sahne
Salz
Pfeffer

So wird's gemacht:

1. Zitrone auspressen. Die Hälfte des Saftes in eine Schüssel geben. Die Schüssel zur Hälfte mit Wasser füllen.
2. Artischocken putzen. Dabei die Stiele abschneiden und die äußeren harten Blätter abbrechen. Das obere Drittel der Artischocken abschneiden. Die restlichen Artischocken vierteln. Das Heu im Inneren entfernen. Die fertig geputzten Artischockenstücke ins Zitronenwasser legen.
3. Zwiebel und Knoblauch schälen und fein hacken.
4. Olivenöl bei mittlerer Hitze in einem Suppentopf erhitzen. Zwiebel, Knoblauch und die Lorbeerblätter darin anschwitzen (ca. 2 Min.). Die Artischockenstücke durch ein Sieb abgießen und in den Topf geben. Ca. 3 Min. andünsten.
5. Weißwein angießen. Bei großer Hitze einkochen, bis nur noch ⅔ der Flüssigkeit vorhanden sind.
6. Gemüsebrühe und Sahne angießen. Kurz aufkochen. Danach die Hitze reduzieren und die Suppe ca. 30–35 Min. köcheln lassen, dann Lorbeerblätter entfernen.
7. Die Suppe mit einem Stabmixer pürieren. Durch ein Sieb geben, um die restlichen Artischockenfasern zu entfernen.
8. Die Suppe mit Salz, Pfeffer und dem restlichen Zitronensaft abschmecken und servieren.

Milde Zucchinisuppe

Ergibt: 2 Portionen * Zubereitung: 35 Min.
Nährwerte (pro Portion): 286 kcal, KH: 13 g , E: 12 g , F: 23 g

Einkaufsliste:
1 Zwiebel
2 Knoblauchzehen
2–3 Zucchini
1 EL Olivenöl
250 ml Gemüsebrühe
½ EL Butter
3 EL Sahne
Salz
Pfeffer
Muskat
Petersilie

So wird's gemacht:

1. Zwiebel und Knoblauch schälen und fein hacken. Zucchini waschen, putzen und in Würfel schneiden.
2. Öl bei mittlerer Hitze in einem Topf erhitzen. Zwiebel und Knoblauch im Topf anschwitzen (ca. 4–5 Min.). Zucchiniwürfel hinzugeben und andünsten (ca. 5 Min.).
3. Gemüsebrühe angießen. Aufkochen. Danach die Hitze reduzieren und 15 Min. köcheln lassen.
4. Petersilie waschen und trocken schütteln.
5. Die Suppe vom Herd nehmen, Sahne hinzugeben. Mit einem Stabmixer pürieren und mit Salz, Pfeffer und Muskat abschmecken.
6. Die Suppe in Teller füllen. Mit Petersilie garniert servieren.

Als Topping eignen sich Mandelblättchen, die in einer Pfanne ohne Fett geröstet wurden.

Spargelsüppchen

Ergibt: 4–6 Portionen * Zubereitung: 40 Min.
Nährwerte (pro Portion): 130 kcal, KH: 14 g , E: 9 g , F: 4 g

Einkaufsliste:
1 Zwiebel
1 kg Spargel
1 EL Butter
1 ½ l Hühnerbrühe
Pfeffer
2 EL Sauerrahm
Salz

So wird's gemacht:

1. Die Zwiebel schälen und fein hacken.
2. Den Spargel waschen, putzen, schälen und in grobe Stücke schneiden.
3. Die Butter bei mittlerer Hitze in einem Suppentopf erhitzen und die Zwiebel darin anschwitzen (ca. 3 Min.).
4. Die Brühe angießen und den Spargel in den Topf geben. Mit etwas Pfeffer würzen. 20 Min. mit geschlossenem Deckel köcheln lassen.
5. Den Topf vom Herd nehmen und den Sauerrahm in die Suppe einrühren.
6. Suppe mit einem Stabmixer pürieren, mit Salz abschmecken und servieren.

Als Topping eignen sich Spargelspitzen, die man dann vor dem Pürieren beiseitelegen muss, oder aber kurz gebratenes Fleisch (Rind, Kalb, Ochsenfetzen).

Frische Gazpacho

Ergibt: 6 Portionen * Zubereitung: 15 Min.
Nährwerte (pro Portion): 153 kcal, KH: 19g , E: 4g , F: 9g

Einkaufsliste

3–4 Tomaten
6 Stängel Sellerie
1 Knoblauchzehe
1 Gurke
1 rote Zwiebel
1 grüne Paprika
900 ml Tomatensaft
1 TL Zucker
2 EL Olivenöl
3 EL Weißweinessig
Salz
Petersilie
Pfeffer

So wird's gemacht:

1. Tomaten blanchieren. Die Haut abziehen. Tomaten halbieren, Stielansatz und Kerne entfernen und Fruchtfleisch in kleine Stücke schneiden.
2. Sellerie waschen und in kleine Stücke schneiden.
3. Knoblauch schälen und fein hacken.
4. Gurke, Zwiebel und Paprika waschen, schälen, entkernen und halbieren. Die eine Hälfte wird für die Garnitur verwendet, die andere für die Suppe.
5. Tomaten, Sellerie und die Hälfte des Gemüses klein geschnitten in einen Suppentopf geben.
6. Tomatensaft, Zucker, Olivenöl, Knoblauch und Weißweinessig hinzugeben. Alles mit einem Standmixer pürieren. Mit Salz abschmecken. Die Suppe mindestens 2 Std. lang kalt stellen.
7. Die andere Hälfte des Gemüses in kleine Würfel schneiden. Die Petersilie waschen, trocken schütteln und fein hacken.
8. Suppe in Teller füllen. Mit Gemüsestückchen, Petersilie und Pfeffer garnieren.

Für den besonderen Kick einfach noch dünne Scheiben oder Würfel eines Granny-Smith-Apfels in die Gazpacho geben.

Wintersuppen

Herzhafte Käse-Lauch-Suppe

Ergibt: 4 Portionen * Zubereitung: 35 Min.
Nährwerte (pro Portion): 434 kcal, KH: 16g , E: 30g , F: 28g

Einkaufsliste:

2 Zwiebeln
500 g Hackfleisch (gemischt)
Salz
Pfeffer
1 TL Paprikapulver (edelsüß)
1 TL Thymian
1 EL Öl
2 Knoblauchzehen
3 Stangen Lauch
1 l Gemüsebrühe
1 Packung Sahneschmelzkäse

So wird's gemacht:

1. Zwiebeln schälen und fein hacken. Hackfleisch mit Salz, Pfeffer, Paprika und Thymian würzen.
2. Olivenöl bei mittlerer Hitze in einem Suppentopf erwärmen. Die Zwiebeln darin anschwitzen (ca. 2 Min.), danach das Fleisch hinzugeben und anbraten (ca. 5–7 Min.).
3. Den Knoblauch schälen und fein hacken. Den Lauch waschen, putzen und in Ringe schneiden. Knoblauch und Lauch in den Topf geben. 3 Min. mitdünsten.
4. Mit der Brühe ablöschen. Aufkochen. Die Hitze reduzieren und die Suppe ca. 15 Min. köcheln lassen.
5. Den Käse hinzugeben und langsam schmelzen lassen. Mit Salz und Pfeffer abschmecken und servieren.

Als Topping eignen sich frische Kräuter wie Schnittlauch und Petersilie.

Mexikanische Gemüsesuppe mit Hackfleischbällchen

Ergibt: 6 Portionen * Zubereitung: 50 Min.

Nährwerte (pro Portion): 343 kcal, KH: 21 g , E: 21 g , F: 18 g

Einkaufsliste:

Für die Fleischbällchen:

2–3 Scheiben Weißbrot
½ Tasse Milch zum Einweichen
1 Knoblauchzehe
1 TL Paprika
1 TL Kümmel
1 TL Oregano
Salz
Pfeffer
500 g Rinderhack
1 EL Öl

Für die Suppe:

1 Zwiebel
1 große grüne Paprika
2 kleine Zucchini
2 Karotten
3–4 Knoblauchzehen
1 Chilischote
1 TL Oregano
1 TL gemahlener Kreuzkümmel
1–2 EL Chilipulver
1 Dose Tomaten (in Stücken)
3 EL Salsa-Sauce
1 l Hühnerbrühe
Salz
Pfeffer
½ Limette
2 große Jalapeños

So wird's gemacht:

1. Das Weißbrot ca. 5 Min. in Milch einweichen. Die Knoblauchzehe schälen, reiben und zusammen mit den restlichen Gewürzen in das Hackfleisch mischen. Die eingeweichten Weißbrotscheiben kurz abtropfen und ebenfalls untermischen. Alles gut verkneten und walnussgroße Klößchen daraus formen.
2. Öl in einer Pfanne erhitzen und die Klöße darin anbraten, bis sie außen braun sind. Klöße beiseitestellen. Öl aufbewahren.
3. Zwiebel schälen und fein hacken. Paprika, Zucchini und Karotte waschen, putzen und in kleine Stücke schneiden.

4. Das Öl aus der Pfanne in einen großen Suppentopf geben und erhitzen. Das Gemüse in den Topf geben und scharf anbraten (ca. 5 Min.).
5. Knoblauch schälen, fein hacken. Chilischote waschen, entkernen und in kleine Stücke schneiden. Knoblauch und Chilischote zusammen mit Oregano, Kreuzkümmel und Chilipulver in den Topf geben.
   Ca. 1 Min. anschwitzen lassen.
6. Tomaten, Salsa-Sauce und Hühnerbrühe in den Topf geben. Aufkochen.
7. Die Hackfleischbällchen in die Suppe geben, kurz aufkochen. Hitze reduzieren und 15 Min. köcheln lassen. Suppe mit Salz und Pfeffer abschmecken.
8. Eine halbe Limette auspressen. Jalapeños waschen, putzen und in Stücke schneiden. Limettensaft in die Suppe einrühren. Mit Jalapeños garnieren und servieren.

Topinambursuppe mit Kürbiswürfeln und Walnüssen

Ergibt: 4 Portionen * Zubereitung: 1 Std. 35 Min.

Nährwerte (pro Portion): 273 kcal, KH: 11 g , E: 5 g , F: 22 g

Einkaufsliste:

400 g Topinambur
2 Knoblauchzehen
3 EL Olivenöl
Salz
Pfeffer
Zucker
2 Schalotten
700 ml Gemüsebrühe
100 ml Sahne
150 g Hokkaido-Kürbis (reines Fruchtfleisch)
2 EL Walnusskerne
8 frische Salbeiblätter

So wird's gemacht:

1. Ofen vorheizen (180 Grad Umluft).
2. Topinambur waschen (am besten mit einer Bürste schrubben). Nicht schälen. Dann in grobe Würfel schneiden.
3. Knoblauch schälen und fein hacken. Topinambur und Knoblauch in eine Auflaufform geben. 1 EL Olivenöl, Salz, Pfeffer und etwas Zucker hinzugeben und alles gut vermischen.
4. Die Auflaufform mit einem Deckel (oder Aluminiumfolie) schließen und für 45 Min. in den Ofen stellen.
5. Schalotten schälen und in feine Streifen schneiden.
6. 1 EL Olivenöl bei mittlerer Hitze in einem Topf erwärmen. Schalotten ca. 3–4 Min. anschwitzen, bis sie glasig werden. Fertig gegarten Topinambur samt Knoblauch und Öl in den Topf geben. Gemüsebrühe und Sahne angießen. Aufkochen, danach die Hitze reduzieren und die Suppe 15 Min. köcheln lassen.
7. Den Kürbis schälen, Kerne entfernen und das benötiget Fruchtfleisch in kleine Würfel schneiden.
8. Walnüsse grob hacken.
9. Salbei waschen, mit einem Küchenpapier abtupfen. 1 EL Olivenöl in eine Pfanne geben und die Salbeiblätter darin anbraten (ca. 3–5 Min.). Salbeiblätter aus der Pfanne nehmen und beiseitestellen.

10. Kürbiswürfel in die Pfanne geben und anbraten (ca. 5 Min.). Die Walnüsse hinzugeben und unter Rühren 2–3 Min. mitbraten.
11. Die Suppe mit einem Stabmixer pürieren. Mit Salz und Pfeffer abschmecken. Danach in Teller füllen und mit Kürbis, Walnüssen und Salbei garniert servieren.

Brokkoli-Käse-Suppe

Ergibt: 6 Portionen * Zubereitung: 20–25 Min.
Nährwerte (pro Portion): 240 kcal, KH: 5 g , E: 8 g , F: 22 g

Einkaufsliste:
50 g Butter
½ Zwiebel
1 Knoblauchzehe
500 ml Rinderbouillon
2 kleine Brokkoli
100 g Cheddar (oder Edamer)
½ TL Senf
100 ml Sahne
Salz
Pfeffer
Muskatnuss

So wird's gemacht:

1. 1 EL Butter in einem Topf bei mittlerer Hitze erwärmen. Zwiebel schälen, fein hacken und in dem Topf ca. 4 Min. anschwitzen.
2. Knoblauch schälen, fein hacken und ca. 1 Min. im Topf anschwitzen.
3. Die Rinderbouillon angießen. Kurz aufkochen und die Hitze reduzieren.
4. Den Brokkoli waschen, putzen und in kleine Stücke schneiden. In den Topf geben und ca. 10 Min. gar ziehen lassen.
5. Cheddar reiben und zusammen mit Senf, Sahne und dem Rest der Butter in den Topf geben.
6. Wenn die Butter geschmolzen ist, die Suppe mit einem Stabmixer pürieren.
7. Mit Salz, Pfeffer und Muskatnuss abschmecken. In Teller füllen und servieren.

Als Topping zu dieser herzhaften Suppe eignet sich z. B. gebratener Schinken.

Gemischte Pilzsuppe

Ergibt: 8 Portionen * Zubereitung: 65 Min.
Nährwerte (pro Portion): 235 kcal, KH: 8g , E: 12g , F: 16g

Einkaufsliste:
5 Zwiebeln
3 Knoblauchzehen
1 Dose weiße Bohnen (à 400 ml)
750 g gemischte Pilze (Pfifferlinge, Champignons, Egerlinge)
1 Stange Lauch
½ Knollensellerie
2 Karotten
100 g Pancetta
3 Stiele Thymian
1 Zweig Rosmarin
6 EL Olivenöl
3 Lorbeerblätter
1 l Hühnerbrühe
1 Bund Petersilie
2 EL kalte Butter
Cayennepfeffer
2 EL Zitronensaft
Salz
Pfeffer
Ziegenkäse zum Garnieren

So wird's gemacht:

1. Zwiebeln und Knoblauch schälen und fein hacken. Bohnen in einem Sieb abtropfen lassen. Pilze waschen, putzen und in Stücke schneiden.
2. Lauch waschen, putzen und in kleine Stücke schneiden. Sellerie und Karotten schälen und in kleine Würfel schneiden.
3. Pancetta in kleine Würfel schneiden. Thymian und Rosmarin waschen und trocken schütteln.
4. 3 EL Öl in einem Topf erhitzen. Den Pancetta darin scharf anbraten (ca. 3–4 Min.). Herausnehmen und beiseitestellen.
5. Hitze etwas reduzieren, Zwiebel, Knoblauch, Lauch, Sellerie und Karotten mit Thymian, Rosmarin und den Lorbeerblättern in den Topf geben. 7–9 Min. dünsten.
6. Pilze mit 3 EL Öl in einer Pfanne anbraten, bis die Pilze beginnen, knusprig zu werden.
7. Pilze zusammen mit dem gebratenen Pancetta und den Bohnen in den Topf geben. Hühnerbrühe angießen und die Suppe ca. 10 Min. köcheln lassen.
8. Petersilie waschen, trocken schütteln und fein hacken. Mit der Butter in den Topf geben. Die Lorbeerblätter entfernen.
9. Suppe mit Cayennepfeffer, Zitronensaft, Salz und Pfeffer abschmecken.
10. Die Suppe in Teller füllen. Ziegenkäse dazu geben. Servieren.

Apfel-Kürbis-Suppe

Ergibt: 2 Portionen * Zubereitung: 35–40 Min.
Nährwerte (pro Portion): 323 kcal, KH: 42 g , E: 9 g , F: 13 g

Einkaufsliste:
400 g Hokkaido-Kürbis
1 kleiner Apfel (säuerlich, z. B. Boskop)
1 kleine Zwiebel
1 Knoblauchzehe
1 TL Olivenöl
400 ml Gemüsebrühe
1 Thymianzweig
1 TL Chiliflocken
1 TL gemahlener Ingwer
2 EL Cheddar
Salz
Pfeffer

So wird's gemacht:

1. Kürbis und Apfel schälen, Kerne entfernen und Fruchtfleisch in kleine Würfel schneiden.
2. Zwiebel und Knoblauch schälen und fein hacken. In einem Suppentopf Olivenöl bei mittlerer Hitze erwärmen. Zwiebel und Knoblauch im Topf anschwitzen (3–4 Min.). Die Kürbis- und Apfelstücke hinzugeben, 2–3 Min. dünsten lassen.
3. Brühe angießen. Thymian, Chiliflocken und Ingwer mit hinzugeben. Aufkochen. Hitze reduzieren und 20 Min. köcheln lassen.
4. Den Thymianzweig entfernen. Den Cheddar reiben und in die Suppe geben. Die Suppe mit einem Stabmixer aufschäumen.
5. Mit Salz und Pfeffer abschmecken. Servieren.

Als Topping eignen sich zum Beispiel ein paar im Ofen gebackene Apfelchips. Dazu einen Apfel in dünne Scheiben schneiden. Mit etwas Zitronensaft und Öl bepinseln und bei 70 Grad für mindestens 1 Stunde im Ofen trocknen.

Low-Carb-Suppen für Sportler

Schwarze Bohnensuppe

Ergibt: 3–4 Portionen * Zubereitung: 1 Std. 30 Min.
Nährwerte (pro Portion): 225 kcal, KH: 22 g, E: 19 g, F: 8 g

Einkaufsliste:
1 kleine Zwiebel
1 EL Olivenöl
1 Knoblauchzehe
1 EL Tomatenmark
¼ TL Cayennepfeffer
½ TL Chilipulver
50 g Cheddar
350 g schwarze Bohnen
1 ½ l Hühnerbrühe
2 Hähnchenbrustfilets
Salz
Pfeffer

Wichtig:
Die Bohnen über Nacht in Wasser einweichen.

So wird's gemacht:

1. Die Zwiebel schälen und fein hacken.
2. Öl in einem Topf bei mittlerer Hitze erwärmen. Die Zwiebeln ca. 5 Min. anschwitzen.
3. Unterdessen den Knoblauch schälen und fein hacken. Zusammen mit dem Tomatenmark, dem Cayennepfeffer und dem Chilipulver in den Topf geben und ca. 1 Min. anschwitzen.
4. Cheddar reiben. Eingeweichte Bohnen in ein Sieb abgießen, mit dem Käse und der Hühnerbrühe in den Topf geben. Aufkochen.
5. Hitze reduzieren und die Suppe 1 Std. leicht köcheln lassen.
6. Sind die Bohnen gar, das Hähnchenfleisch in kleine Stücke schneiden, in den Topf geben und 10 Min. durchgaren lassen.
7. Die Bohnensuppe mit Salz und Pfeffer abschmecken und servieren.

Mit Bohnen aus der Dose lässt sich die Kochzeit erheblich reduzieren. Auch das Einweichen über Nacht entfällt dann. Wer mag, kann die Suppe auch noch mit einem Klecks Sauerrahm garnieren.

Hamburger Suppe

Ergibt: 6 Portionen * Zubereitung: 35 Min.
Nährwerte (pro Portion): 478 kcal, KH: 14g , E: 29g , F: 35g

Einkaufsliste:

½ rote Zwiebel
125 g Champignons
200 g Rosenkohl
1 gelbe Paprika
40 g Palmfett
300 g Tomaten
3 Knoblauchzehen
6 Stängel Sellerie
1 EL Olivenöl
500 g Rinderhack
1 l Rinderbouillon
1 EL Tomatenmark
1 Lorbeerblatt
1 TL getrockneter Oregano
Salz
Cayennepfeffer
Pfeffer

So wird's gemacht:

1. Ofen vorheizen (180 Grad Umluft)
2. Zwiebel schälen und in grobe Stücke schneiden. Pilze und Rosenkohl putzen und halbieren. Paprika waschen, entkernen und in grobe Stücke schneiden.
3. Backbleck mit dem Palmfett einreiben. Zwiebel, Pilze, Rosenkohl und Paprika auf das Blech legen und im Ofen 20–35 Min. backen.
4. Unterdessen die Tomaten blanchieren. Die Haut abziehen. Tomaten halbieren, Stielansatz und Kerne entfernen, Fruchtfleisch in Stücke schneiden.
5. Knoblauch schälen und in Scheiben schneiden. Den Sellerie waschen, putzen und in Stücke schneiden.
6. Olivenöl in einem großen Suppentopf auf mittlerer Hitze erwärmen und Hackfleisch darin anbraten. Sobald das Hackfleisch durch ist, den Sellerie hinzugeben und 3 Min. dünsten.
7. Bouillon, Tomaten, Tomatenmark, Knoblauch, Lorbeerblatt und Oregano in den Topf geben. Alles aufkochen. Danach die Hitze reduzieren und die Suppe 15–20 Min. köcheln lassen.
8. Das geröstete Gemüse aus dem Ofen hinzugeben. Mit Salz, Cayennepfeffer und Pfeffer abschmecken. Suppe in Teller füllen und servieren.

Käsesuppe mit Bier und Apfel

Ergibt: 8-10 Portionen * Zubereitung: 50 Min.
Nährwerte (pro Portion): 498 kcal, KH: 17g , E: 21g , F: 69g

Einkaufsliste:
100 g Walnusskerne
1 EL Puderzucker
½ TL Zimt
400 g Cheddar
200 g Camembert (reif)
2 Äpfel (z. B. Elstar oder Gala)
1 Schalotte
1 EL Olivenöl
1 TL brauner Zucker
150 ml Apfelwein (alternativ Apfelsaft)
½ TL getrockneter Thymian
300 ml dunkles Bier
450 ml Hühnerbrühe
¼ TL Cayennepfeffer
220 ml Milch
60 g Mehl
Salz
Pfeffer

So wird's gemacht:

1. Die Walnüsse in grobe Stücke hacken. In eine Pfanne ohne Öl geben und erhitzen. Nach und nach mit dem Puderzucker bestreuen, dabei ständig umrühren, damit die Walnüsse nicht bitter werden. Wenn die Nüsse braun zu werden beginnen, den Zimt hinzugeben. Gut einrühren. Sobald die Walnüsse geröstet sind, aus der Pfanne nehmen und beiseitestellen.
2. Cheddar reiben. Die Rinde des Camemberts entfernen, Camembert grob würfeln. Beides beiseitestellen
3. Äpfel waschen, schälen, das Kerngehäuse entfernen und Fruchtfleisch in kleine Stücke schneiden.
4. Schalotte schälen und fein hacken.
5. Olivenöl bei mittlerer Hitze in einem Suppentopf erhitzen. Die Schalotte zusammen mit dem braunen Zucker glasig dünsten (ca. 3–4 Min.). Einen Schuss Apfelwein hinzugeben. Einkochen lassen. Wieder etwas Apfelwein angießen und einkochen lassen.
6. Apfelstücke und Thymian in den Topf geben und unter ständigem Rühren ca. 8 Min. düsten. Immer wieder etwas Apfelwein angießen.
7. Bier, Hühnerbrühe, den Rest Apfelwein (falls vorhanden) und Cayennepfeffer in den Topf geben. 10 Min. köcheln lassen.
8. Die Suppe mit einem Stabmixer pürieren.

9. In einer Schüssel Milch und Mehl verrühren. Auf kleiner Flamme mit einem Schneebesen in die Suppe einarbeiten.
10. Den Käse in den Topf geben und schmelzen lassen.
11. Suppe mit Salz und Pfeffer abschmecken, dann in Teller füllen und mit den karamellisierten Zimt-Walnüssen garniert servieren.

Avocado-Hähnchen-Suppe

Ergibt: 4 Portionen * Zubereitung: 45 Min.
Nährwerte (pro Portion): 379 kcal, KH: 13 g , E: 25 g , F: 25 g

Einkaufsliste:
2 Hähnchenbrustfilets
Salz
3 TL Olivenöl
3 Frühlingszwiebeln
1 Knoblauchzehe
1 Tomate
750 ml Hühnerbrühe
¼ TL Kumin
2 Avocados
Pfeffer

So wird's gemacht:

1. Hähnchenbrustfilets waschen, mit einem Küchenpapier trocken tupfen, salzen.
2. 1 TL Olivenöl in einer Pfanne bei mittlerer Hitze erwärmen. Hähnchenfilets anbraten. Die Hitze reduzieren, einen Deckel auf die Pfanne legen und die Filets ca. 10 Min. garziehen lassen.
3. Das Huhn mit einer Gabel oder einem Stabmixer in grobe Fasern zerteilen und beiseitestellen.
4. Frühlingszwiebeln putzen, waschen. Knoblauch schälen. Beides in feine Stücke schneiden. Etwa ⅓ der Frühlingszwiebel als Suppeneinlage beiseitestellen.
5. Tomate blanchieren. Die Haut abziehen. Tomate halbieren, Stielansatz und Kerne entfernen, Fruchtfleisch in Stücke schneiden.
6. 2 TL Öl in einem Suppentopf erhitzen. Frühlingszwiebel und Knoblauch 2–3 Min. andünsten, Tomatenstücke hinzugeben und 2–3 Min. garen.
7. Hühnerbrühe angießen. Kumin hinzugeben. 15–20 Min. köcheln lassen.
8. Avocado schälen und Fruchtfleisch würfeln. Koriander waschen, trocken schütteln und klein zupfen.
9. Avocado, Hühnerfetzen und die beiseitegelegten Frühlingszwiebeln auf Tellern verteilen.
10. Die Hühnerbrühe mit Salz und Pfeffer abschmecken. Über die Einlagen gießen. Mit frischem Koriander garniert servieren.

Weiße Bohnensuppe mit Würstchen

Ergibt: 6-8 Portionen * Zubereitung: 25 Min.
Nährwerte (pro Portion): 374 kcal, KH: 27 g, E: 21 g, F: 19 g

Einkaufsliste:
1 Zwiebel
2 Knoblauchzehen
2 Stängel Sellerie
2 Karotten
2 EL Olivenöl
4 Geflügelwiener
2 Dosen Cannelini-Bohnen (à 400 g)
1 l Hühnerbrühe
300 g frischer Spinat
Salz
Pfeffer

So wird's gemacht:

1. Zwiebel und Knoblauch schälen und fein hacken. Sellerie und Karotten waschen, putzen und klein hacken.
2. Öl in einem Topf bei mittlerer Hitze erwärmen. Die Würste in kleine Stücke schneiden und 3–4 Min. darin anbraten. Zwiebel, Sellerie, Karotten hinzufügen. 3–4 Min. anschwitzen. Zum Schluss den Knoblauch hinzugeben und ca. 1 Min. anschwitzen.
3. Bohnen in ein Sieb abgießen und abspülen, mit der Hühnerbrühe in den Topf geben. Aufkochen. Die Hitze danach reduzieren und die Suppe 10 Min. köcheln lassen.
4. Den Spinat waschen, hacken und 3–4 Min. in der Suppe ziehen lassen.
5. Suppe mit Salz und Pfeffer abschmecken und servieren.

Jalapeños-Käse-Suppe

Ergibt: 4 Portionen * Zubereitung: 30–35 Min.
Nährwerte (pro Portion): 425 kcal, KH: 3g , E: 17g , F: 38g

Einkaufsliste:

4 Scheiben roher Schinken
Butter
100 g Frischkäse
500 ml Hühnerbrühe
100 g Crème double
1 Knoblauchzehe
300 g Cheddar
2 TL Salsa verde
4 frische Jalapeños (grün)
Olivenöl
Salz
1 Frühlingszwiebel

So wird's gemacht:

1. Frühlingszwiebel waschen und in kleine Stücke schneiden. Schinken in kleine Stücke schneiden und zusammen mit der Frühlingszwiebel in einem Topf mit etwas Butter scharf anbraten. Herausnehmen und beiseitestellen.
2. In demselben Topf Frischkäse, Hühnerbrühe und Crème double zum Schinkenfett geben (1 EL Créme Double zum Garnieren aufheben). Bei mittlerer Hitze erwärmen und mit einem Schneebesen durchrühren, bis die Suppe glatt ist.
3. Knoblauch schälen und in einem Mörser zerstampfen. Cheddar reiben. Knoblauch mit der Salsa verde und dem Cheddar in die Suppe geben.
4. Jalapeños waschen, putzen und entkernen. In kleine Stücke schneiden und in einer Pfanne mit etwas Olivenöl ca. 5 Min. anbraten. In die Suppe geben und 5 Min. gar ziehen lassen.
5. Suppe mit Salz abschmecken, in Teller füllen und mit Crème Double, Schinkenwürfeln und Frühlingszwiebel garniert servieren.

Cremige Hühnersuppe mit Schinken

Ergibt: 4 Portionen * Zubereitung: 30 Min.
Nährwerte (pro Portion): 247 kcal, KH: 6g , E: 18g , F: 18g

Einkaufsliste:

4 Scheiben Speck
2 EL Butter
2 Knoblauchzehen
100 g Shiitake-Pilze
4 Stängel Sellerie
50 ml Weißwein
100 ml Kokosmilch
100 ml Sahne
750 ml Hühnerbrühe
4 Hähnchenschenkel
2 EL Petersilie
Salz
Pfeffer

So wird's gemacht:

1. Die Speckscheiben in einem Suppentopf mit 1 EL Butter knusprig anbraten. Den Speck aus dem Topf nehmen und beiseitestellen.
2. Knoblauch schälen und fein hacken. Shiitake-Pilze putzen und in Streifen schneiden. Sellerie waschen und in kleine Stücke schneiden.
3. Restliche Butter in den Topf geben und Knoblauch darin anbraten (ca. 2 Min.). Die Pilze hinzugeben und ebenfalls anbraten.
4. Wein angießen und zur Hälfte einkochen.
5. Kokosmilch, Sahne und Hühnerbrühe angießen. Die Hähnchenschenkel und den Sellerie hinzugeben und 10 Min. in der Suppe gar ziehen lassen.
6. Hähnchenschenkel aus dem Topf nehmen, entbeinen und das Fleisch in den Topf zurückgeben.
7. Petersilie waschen, trocken schütteln und hacken.
8. Die Suppe mit Salz und Pfeffer abschmecken. In Teller füllen, mit frischer Petersilie und einer Scheibe Schinken garniert servieren.

Rote Linsensuppe

Ergibt: 4 Portionen * Zubereitung: 25 Min.
Nährwerte (pro Portion): 281 kcal, KH: 40g , E: 18g , F: 6g

Einkaufsliste:

1 Zwiebel
2 Knoblauchzehen
50 g Knollensellerie
2 Karotten
50 g getrocknete Tomaten in Öl
200 g rote Linsen (geschält)
½ TL Kreuzkümmel
800 ml Gemüsebrühe
½ Zitrone
Salz
Pfeffer
Petersilie
150 g griechischer Joghurt

So wird's gemacht:

1. Zwiebel, Knoblauch, Sellerie und Karotten schälen und in kleine Würfel schneiden.
2. Tomaten in kleine Würfel schneiden.
3. Das Öl der Tomaten in einen Topf geben und erwärmen. Zwiebel darin anschwitzen (3–4 Min.). Das restliche vorbereitete Gemüse hinzugeben und ebenfalls 3 Min. andünsten.
4. Linsen waschen, in einem Sieb abtropfen lassen und zusammen mit dem Kreuzkümmel in den Topf geben.
5. Gemüsebrühe angießen. Aufkochen. Danach die Hitze reduzieren und die Suppe 20 Min. köcheln lassen.
6. Die Suppe mit dem Stabmixer pürieren. Zitrone auspressen. Suppe mit Salz, Pfeffer und Zitronensaft abschmecken.
7. Petersilie waschen, trocken schütteln und fein hacken.
8. Die Suppe in Teller füllen. Mit gehackter Petersilie und einigen Klecksen Joghurt garniert servieren.

Die perfekte Suppe für Sportler. Viele »gute« Kohlenhydrate und Proteine, die lange satt machen und die Muskeln in Schwung bringen.

Klassiker aus Omas Küche

Pastinaken-Cremesuppe mit Hackfleisch

Ergibt: 2–3 Portionen * Zubereitung: 40 Min.
Nährwerte (pro Portion): 360 kcal, KH: 23 g , E: 20 g , F: 17 g

Einkaufsliste:
250 g Pastinaken
1 Zwiebel
2 TL Olivenöl
trockener Weißwein
300 ml Gemüsebrühe
200 ml Milch
200 g Rinderhack
Salz
Pfeffer
2 EL Petersilie

So wird's gemacht:

1. Die Pastinaken waschen, schälen und in kleine Würfel schneiden. Zwiebel schälen und fein hacken.
2. 1 TL Olivenöl in einem Suppentopf bei mittlerer Hitze erwärmen. Die Zwiebel anschwitzen (ca. 3–4 Min.). Die Pastinakenwürfel dazugeben und 3–4 Min. dünsten.
3. Mit einem Schuss Weißwein ablöschen. Brühe und Milch in den Topf geben. Aufkochen. Hitze reduzieren und die Suppe 20 Min. köcheln lassen.
4. Unterdessen das Hackfleisch in einer Pfanne mit 1 TL Olivenöl scharf anbraten (ca. 5 Min.), bis es angebräunt ist.
5. Die Suppe pürieren. Hackfleisch hinzugeben. Mit Salz und Pfeffer abschmecken.
6. Petersilie waschen und trocken schütteln.
7. Die Suppe in Teller füllen. Mit Petersilie garniert servieren.

Als zusätzliches Topping eignen sich geröstete Sesamkerne.

Pikante Blumenkohlsuppe

Ergibt: 4 Portionen * Zubereitung: 40 Min.
Nährwerte (pro Portion): 120 kcal, KH: 11 g , E: 7 g , F: 5 g

Einkaufsliste:
2 Zwiebeln
2 Knoblauchzehen
1 Blumenkohl
1 EL Olivenöl
1 TL Kurkuma
3 EL Petersilie
1 ½ l Gemüsebrühe
Muskat
Salz
Chiliflocken

So wird's gemacht:

1. Zwiebeln und Knoblauch schälen und fein hacken. Blumenkohl putzen, waschen und in grobe Würfel schneiden. Petersilie waschen, trocken schütteln und fein hacken.
2. Öl bei mittlerer Hitze in einem Topf erhitzen. Zwiebel, Knoblauch und Kurkuma im Topf anschwitzen (ca. 4–5 Min.). Blumenkohlwürfel und Petersilie hinzugeben und andünsten (ca. 3 Min.).
3. Gemüsebrühe angießen. Aufkochen. Danach die Hitze reduzieren und die Suppe 18–20 Min. köcheln lassen. 2 EL Blumenkohlröschen zum Garnieren beiseitestellen.
4. Die Suppe mit einem Stabmixer pürieren. Muskat nach Belieben in die Suppe reiben und noch einmal kurz aufkochen.
5. Mit Salz abschmecken. Suppe in Teller füllen. Mit Chiliflocken und Blumenkohlröschen garniert servieren.

Als zusätzliches Topping eignen sich frische Kräuter wie Basilikum, geröstete Semmelbrösel oder gebratener Speck.

Rinderbrühe mit Tafelspitz

Ergibt: 10 Portionen * Zubereitung: 3 h
Nährwerte (pro Portion): 238 kcal, KH: 7 g , E: 26 g , F: 12 g

Einkaufsliste:
1 kg Rindfleisch mit Knochen
500 g Tafelspitz
1 EL Öl
Salz
1 Zwiebel
½ Knolle Sellerie
½ Stange Lauch
2 Karotten
2 Stiele Petersilie
2 Stiele Liebstöckel
4 Lorbeerblätter
1 TL schwarze Pfefferkörner

So wird's gemacht:

1. Das Rindfleisch in einen Topf mit ca. 3 l kaltem Wasser geben. Zum Kochen bringen.
2. Unterdessen den Tafelspitz in einer Pfanne mit dem Öl von allen Seiten anbraten, dann in den Topf mit dem Rindfleisch geben.
3. Suppe ordentlich salzen. 1 Std. lang köcheln lassen, dabei immer wieder den Schaum abschöpfen.
4. Zwiebel halbieren und ohne Fett in einer Pfanne rösten.
5. Gemüse waschen, putzen und in grobe Stücke schneiden. Gemüse und Zwiebel in den Topf geben und die Suppe 2 Std. ziehen lassen.
6. Kräuter waschen und mit den Gewürzen zur Suppe geben, weitere 30 Min. ziehen lassen.
7. Das auf der Brühe schwimmende Fett abschöpfen, Knochen und Lorbeerblätter entfernen. Tafelspitz in Scheiben schneiden.
8. Suppe mit Salz und Pfeffer abschmecken und servieren.

Erbsensuppe mit Würstchen

Ergibt: 3–4 Portionen * Zubereitung: 25 Min.

Nährwerte (pro Portion): 294 kcal, KH: 26g , E: 18g , F: 14g

Einkaufsliste:

2 Zwiebeln
1 EL Olivenöl
Puderzucker
400 g grüne Erbsen (tiefgekühlt)
400 ml Gemüsebrühe
Salz
Pfeffer
4 Geflügelwiener

So wird's gemacht:

1. Zwiebeln schälen und fein hacken.
2. Olivenöl in einem Topf erhitzen. Die Zwiebeln darin anschwitzen (ca. 3 Min.), bis sie glasig sind. Eine Prise Puderzucker daraufstreuen und karamellisieren lassen.
3. Erbsen in den Topf geben und ca. 5 Min. dünsten.
4. Gemüsebrühe angießen, aufkochen, dann Hitze reduzieren und die Suppe ca. 10 Min. köcheln lassen.
5. Ein Drittel der Erbsen aus dem Topf nehmen und beiseitestellen.
6. Die Erbsen im Topf mit einem Stabmixer pürieren. Suppe mit Salz und Pfeffer abschmecken.
7. Die Würstchen in die Suppe geben und alles noch einmal kurz aufkochen lassen.
8. Die ganzen Erbsen wieder in die Suppe geben. Noch einmal mit Salz und Pfeffer abschmecken. Servieren.

Fleisch- und Fischsuppen

Italienische Hochzeitssuppe

Ergibt: 6 Portionen * Zubereitung: 40 Min.
Nährwerte (pro Portion): 265 kcal, KH: 5 g , E: 21 g , F: 17 g

Die Einkaufsliste:

1 Zwiebel
2 Knoblauchzehen
1 TL Basilikum
50 g Parmesan
400 g Rinderhack
1 Ei
2 Karotten
¼ Knollensellerie
1 EL Olivenöl
800 ml Hühnerbrühe
200 g Spinat
Salz
Pfeffer

So wird's gemacht:

1. Zwiebel und 1 Knoblauchzehe schälen und fein hacken. Basilikum waschen, trocken schütteln und fein hacken. Parmesan reiben. Alles in einer Schüssel mit dem Rinderhack und dem Ei gut vermischen. Aus der Masse walnussgroße Klöße formen und beiseitestellen.
2. Karotten und Sellerie waschen, putzen und in kleine Stücke schneiden.
3. Öl in einem Topf bei mittlerer Hitze erwärmen. Vorbereitetes Gemüse hineingeben und ca. 5 Min. dünsten.
4. 1 Knoblauchzehe schälen, fein hacken und ebenfalls 1 Min. im Topf andünsten.
5. Die Hühnerbrühe in den Topf geben. Aufkochen.
6. Die Hackfleischbällchen in die Brühe geben. Noch mal kurz aufkochen lassen. Dann die Hitze reduzieren und die Klöße 10 Min. garen.
7. Den Spinat waschen, hacken, in den Topf geben und 2–3 Min. garen.
8. Suppe mit Salz und Pfeffer abschmecken und servieren.

Schnelle Fischsuppe

Ergibt: 2 Portionen * Zubereitung: 20–25 Min.
Nährwerte (pro Portion): 152 kcal, KH: 7g , E: 12g , F: 8g

Einkaufsliste:
½ rote Paprika
1 kleine Karotte
1 Schalotte
1 Knoblauchzehe
1 TL Olivenöl
300 ml Fischfond (Glas)
100 g Schellfischfilet
Salz
1 TL Petersilie
Pfeffer
Worcestersauce

So wird's gemacht:

1. Paprika waschen, entkernen und in schmale, daumenlange Streifen schneiden.
2. Karotte schälen, putzen und in kleine Würfel schneiden.
3. Schalotte und Knoblauch schälen und fein hacken.
4. Öl bei mittlerer Hitze in einem Topf erwärmen. Das vorbereitete Gemüse in den Topf geben und 2–3 Min. dünsten.
5. Den Fischfond angießen und die Suppe mit geschlossenem Deckel 5 Min. ziehen lassen.
6. Fischfilets waschen, mit einem Küchenpapier trocken tupfen, salzen. In mundgerechte Stücke schneiden und in die Suppe geben. 5 Min. ziehen lassen.
7. Petersilie waschen, trocken schütteln und fein hacken.
8. Die Suppe mit Worcestersauce, Salz und Pfeffer abschmecken, in Teller füllen und mit Petersilie garniert servieren.

Cremige Gulaschsuppe

Ergibt: 4–6 Portionen * Zubereitung: 2 Std. 20 Min.
Nährwerte (pro Portion): 413 kcal, KH: 20g , E: 42g , F: 18g

Einkaufsliste:
1 EL Butter
500 g Rindergulasch
3 große Zwiebeln
1 TL Currypulver
2 Knoblauchzehen
100 g Schinkenspeck
1 TL Paprikapulver (edelsüß)
1 TL Paprikapulver (scharf)
2 Stängel Majoran
2 Thymianzweige
2 Dosen Tomaten (je 400 ml)
500 ml Gemüsebrühe
1 Pastinake
5 Paprika (gemischt)
3 Karotten
Chiliflocken
Zucker
Salz
Pfeffer
100 g Frischkäse

So wird's gemacht:

1. Butter in einem großen Topf erhitzen. Rindergulasch im Topf scharf anbraten (4–5 Min).
2. Zwiebeln schälen und fein hacken. Zusammen mit dem Currypulver in den Topf geben und ca. 2 Min. anschwitzen.
3. Knoblauch schälen und fein hacken. Schinkenspeck in kleine Würfel schneiden. Zusammen mit dem Knoblauch in den Topf geben.
4. Paprikapulver, Majoran und Thymian hinzugeben. Alles gut verrühren.
5. Die Tomaten und die Gemüsebrühe in den Topf geben. Aufkochen. Danach die Hitze reduzieren und die Suppe 1 ½ Std. köcheln lassen.
6. Pastinake, Paprika und Karotten waschen, eventuell schälen und in kleine Würfel schneiden. In den Topf geben und die Suppe 20 Min. köcheln lassen.
7. Suppe nach Belieben mit Chili, Zucker, Salz und Pfeffer würzen. Majoran- und Thymianzweige entfernen.
8. Frischkäse unter die Suppe heben, kurz erwärmen. Servieren.

Wer die Gulaschsuppe lieber klassisch statt cremig mag, ersetzt den Frischkäse durch einen jungen Rotwein, der dann mit der Brühe angegossen wird.

Mexikanische Hähnchen-Limetten-Chili-Suppe

Ergibt: 6 Portionen * Zubereitung: 45 Min.
Nährwerte (pro Portion): 443 kcal, KH: 14g , E: 31g , F: 28g

Einkaufsliste:

6 Hähnchenschenkel
1 Zwiebel
6 Knoblauchzehen
2 EL Olivenöl
2 Dosen Chipotle Chili in Adobo-Sauce (à 200 g)
1 ½ l Hühnerbrühe
2 Limetten
1 Avocado
Salz
Pfeffer
frischer Koriander

So wird's gemacht:

1. Hähnchenschenkel enthäuten und entbeinen. Größere Fleischstücke klein schneiden. Beiseitestellen.
2. Zwiebel und Knoblauch schälen und fein hacken.
3. Öl bei mittlerer Hitze in einem großen Suppentopf erhitzen. Zwiebel hinzugeben und anschwitzen, bis die Stücke braun werden (ca. 6–7 Min.). Sobald sie braun werden, den Knoblauch ebenfalls hinzugeben und ca. 1–2 Min. anschwitzen.
4. Hitze erhöhen. Den Topf zur Hälfte von der Herdplatte ziehen. Zwiebeln und Knoblauch auf die »kalte« Seite des Topfes schieben. Auf der »heißen« Seite die Hähnchenstücke anbraten, bis sie braun sind (ca. 3-5 Min.).
5. Den Topf wieder ganz auf die Herdplatte stellen. Die Chipotles zusammen mit der Adobo-Sauce und der Hühnerbrühe in den Topf geben. Aufkochen. Danach die Hitze reduzieren und die Suppe 15 Min. köcheln lassen. Den Schaum abschöpfen.
6. Limetten auspressen. Koriander waschen, trocken schütteln und Blätter abzupfen. Koriander und Limettensaft in die Suppe geben.
7. Avocado schälen, Kern entfernen und Fruchtfleisch in zwölf gleich große Scheiben schneiden.
8. Suppe mit Salz und Pfeffer abschmecken und in Teller füllen. Pro Portion mit zwei Avocadoscheiben servieren und mit Koriander garnieren.

Italienische Salsiccia-Radieschen-Suppe

Ergibt: 12 Portionen * Zubereitung: 35 Min.
Nährwerte (pro Portion): 291 kcal, KH: 4 g , E: 17 g , F: 22 g

Einkaufsliste:
250 g Spinat
500 g Radieschen
1 Zwiebel
2 Knoblauchzehen
250 g Salsiccia (oder Grillwurst)
1 TL Olivenöl
2 l Hühnerbrühe
6 Scheiben Rosmarinschinken (gekocht)
150 g Sahne
Salz
roter Pfeffer

So wird's gemacht:

1. Spinat waschen, grobe Stiele entfernen und fein hacken.
2. Radieschen waschen, putzen und in Scheiben schneiden.
3. Zwiebel und Knoblauch schälen und fein hacken.
4. Salsiccia aus der Pelle pressen.
5. Olivenöl bei mittlerer Hitze in einem Suppentopf erwärmen. Zwiebel und Knoblauch ca. 2–3 Min. anschwitzen. Dann die Wurst in den Topf geben und anbraten.
6. Sobald die Wurst durch ist, Hühnerbrühe angießen, aufkochen lassen.
7. Radieschen in die Suppe geben und 15 Min. garziehen lassen.
8. Spinat in die Suppe geben und diese weitere 5 Min. ziehen lassen.
9. Kochschinken in Stücke schneiden, mit der Sahne in die Suppe geben, kurz erwärmen.
10. Suppe mit Salz abschmecken, in Teller füllen und mit rotem Pfeffer garniert servieren.

Detox- & Fitness-Suppen

Griechische Hähnchen-Zitronen-Suppe

Ergibt: 6 Portionen * Zubereitung: 20–25 Min.
Nährwerte (pro Portion): 194 kcal, KH: 5g; E: 30g; F: 5g

Einkaufsliste:
½ Blumenkohl
1 EL Olivenöl
1 Zwiebel
1 ½ l Hühnerbrühe
2 Lorbeerblätter
500 g Hähnchenbrustfilets
1 Zitrone
1 Ei
Salz
Pfeffer
Dill

So wird's gemacht:

1. Blumenkohl waschen, putzen und in grobe Würfel schneiden. Die Würfel in einem Mixer klein hacken, bis sie die Größe von Reiskörnern haben.
2. Olivenöl in einen großen Topf geben und bei mittlerer Hitze erwärmen. Zwiebel schälen, fein hacken, in den Topf geben und ca. 4–5 Min. anschwitzen.
3. Hühnerbrühe und Lorbeerblätter in den Topf geben. Alles aufkochen.
4. Die Hitze reduzieren. Das Hähnchen in mundgerechte Würfel schneiden und zusammen mit dem Blumenkohl in den Topf geben. 10 Min. gar ziehen lassen.
5. Zitrone auspressen und den Saft in einer Schüssel mit dem Ei verquirlen. 1–2 Kellen Brühe aus dem Topf unter ständigem Rühren in die Masse einarbeiten.
6. Die Zitronen-Ei-Masse in den Topf geben. Alles gut verrühren.
7. Das Lorbeerblatt entfernen. Suppe mit Salz und Pfeffer abschmecken. Mit fein gehacktem Dill garnieren und servieren.

In Griechenland gilt diese Suppe als DAS Hausmittel bei Grippe und Erkältungen.

Spitzkohlsuppe

Ergibt: 8 Portionen * Zubereitung: 30–35 Min.
Nährwerte (pro Portion): 101 kcal, KH: 6g , E: 4g , F: 7g

Einkaufsliste:
1 Spitzkohl
3–4 Schalotten
1 EL Olivenöl
1 ½ l Gemüsebrühe
2 EL Dinkelmehl
1 TL Weißweinessig
100 ml Sahne
Salz
roter Pfeffer

So wird's gemacht:

1. Spitzkohl waschen, putzen und in kleine Streifen schneiden.
2. Schalotten schälen und fein hacken.
3. Olivenöl in einem Topf erhitzen. Schalotten und Spitzkohl scharf anbraten (ca. 4–5 Min.). Hin und wieder umrühren. Kohl und Schalotten dürfen ein wenig braun werden.
4. Gemüsebrühe angießen. Aufkochen. Hitze reduzieren und die Suppe 20 Min. köcheln lassen.
5. In einer Schüssel Mehl, Weißweinessig und Sahne verrühren. Mischung in den Topf geben. Suppe unter Rühren kurz aufkochen.
6. Suppe mit Salz abschmecken, in Teller füllen und mit rotem Pfeffer garniert servieren.

Als Topping eignet sich ein Klecks Sauerrahm.

Joghurt-Gemüse-Suppe

Ergibt: 4 Portionen * Zubereitung: 30 Min.
Nährwerte (pro Portion): 200 kcal, KH: 12 g, E: 11 g, F: 12 g

Einkaufsliste:
1 rote Paprika
1 gelbe Paprika
1 kleine Zucchini
2 Knoblauchzehen
2 EL Olivenöl
400 ml Gemüsebrühe
2 Eier
500 g Naturjoghurt
Salz
Pfeffer

So wird's gemacht:

1. Paprika waschen, putzen und in dünne, 2 cm kurze Streifen schneiden.
2. Die Zucchini waschen, putzen und in kleine Würfel schneiden.
3. Den Knoblauch schälen und fein hacken.
4. Öl in einer Pfanne erhitzen und darin die Paprika und die Zucchini ca. 3–4 Min. dünsten. Knoblauch hinzugeben und 1 Min. anschwitzen lassen. Pfanne vom Herd nehmen.
5. Gemüsebrühe in einen Suppentopf gießen. Eier verquirlen und zusammen mit dem Joghurt in den Topf geben. Suppe langsam und unter ständigem Rühren aufkochen.
6. Sobald die Suppe zu kochen beginnt, vom Herd nehmen und mit einem Stabmixer aufschäumen. Mit Salz und Pfeffer abschmecken.
7. Suppe in Teller füllen, etwas von dem Gemüse hinzufügen und servieren.

Als Topping eignen sich frische Kräuter wie Dill, Petersilie oder Schnittlauch.

Ingwersuppe

Ergibt: 2 Portionen * Zubereitung: 30 Min.

Nährwerte (pro Portion): 216 kcal, KH: 17 g , E: 14 g , F: 9 g

Einkaufsliste:

1 Stk. Ingwerknolle (2 cm)
1 Knoblauchzehe
1 Zwiebel
¼ Butternusskürbis (ca. 125 g)
1 Karotte
1 EL Olivenöl
1 TL mildes Currypulver
400 ml Gemüsebrühe
8 Garnelen (geschält, ohne Schwanz)
100 ml Kokosmilch
Basilikum
Salz

So wird's gemacht:

1. Ingwer waschen, die Haut gut abbürsten und dann fein hacken. Knoblauch und Zwiebel schälen und fein hacken.
2. Kürbis putzen, die Kerne entfernen und Fruchtfleisch in schmale, daumenlange Streifen schneiden. Die Karotte schälen und ebenfalls in schmale, daumenlange Streifen schneiden.
3. Olivenöl bei mittlerer Hitze in einem Suppentopf erwärmen. Zwiebel zusammen mit dem Currypulver anschwitzen (3–4 Min.). Knoblauch und Ingwer hinzugeben und 1 Min. dünsten.
4. Gemüsebrühe angießen. Aufkochen. Danach die Hitze reduzieren und die Suppe 10 Min. köcheln lassen.
5. Kürbis- und Karottenstreifen in die Suppe geben und 10 Min. garziehen lassen.
6. Garnelen, falls nötig, putzen, waschen und in einem Sieb abtropfen lassen. Zusammen mit der Kokosmilch in die Suppe geben und 3 Min. köcheln lassen.
7. Basilikum waschen, trocken schütteln und fein hacken.
8. Die Suppe mit Salz abschmecken. In Teller füllen und mit Basilikum garniert servieren.

Spinatsuppe mit Ei

Ergibt: 4–6 Portionen * Zubereitung: 20 Min.
Nährwerte (pro Portion): 105 kcal, KH: 2,5g , E: 11g , F: 5g

Einkaufsliste:

900 ml Hühnerbrühe
1 EL Sojasauce
1 TL Zucker
2 Eier
2 Frühlingszwiebeln
Salz
Pfeffer
300 g frischer Spinat

So wird's gemacht:

1. Die Hühnerbrühe in einem Suppentopf zusammen mit der Sojasauce und dem Zucker aufkochen. Die Hitze reduzieren.
2. Die Eier in einer Schüssel verquirlen. Die Eimasse in die Suppe geben. Beim Eingießen das Ei mit einer Gabel schlagen, sodass es Fäden zieht. Den Topf vom Herd nehmen.
3. Die Frühlingszwiebeln waschen, putzen und in kleine Stücke schneiden. In die Suppe geben. Mit Salz und Pfeffer abschmecken.
4. Den Spinat gründlich waschen. Harte Stiele entfernen. Die Spinatblätter in Stücke schneiden.
5. Spinat in Teller füllen. Mit der Suppe auffüllen. Servieren.

Asia-Suppen

Scharfe Erdnuss-Hühnchen-Suppe

Ergibt: 4 Portionen * Zubereitung: 35 Min.
Nährwerte (pro Portion): 459 kcal, KH: 18g , E: 35g , F: 25g

Einkaufsliste:

2 kleine Zwiebeln
1 Karotte
¼ Knollensellerie
1 Speiserübe
2 EL Olivenöl
2 Knoblauchzehen
500 g Tomaten (in Stücken)
1 l Hühnerbrühe
2 Hähnchenbrustfilets
100 g Erdnussbutter
3 EL Crème double
1–2 Chilischoten
½ TL Paprikapulver (scharf)
Salz

So wird's gemacht:

1. Zwiebeln und Karotte schälen, Sellerie und Rübe waschen, putzen und alles in kleine Würfel schneiden.
2. Olivenöl in einem Topf erhitzen. Das Gemüse darin anschwitzen (ca. 5 Min.).
3. Knoblauch schälen, fein hacken und ebenfalls im Topf anschwitzen (ca. 1 Min.).
4. Tomaten und die Hühnerbrühe in den Topf geben. Aufkochen.
5. Die Hitze reduzieren und die Hähnchenbrustfilets im Ganzen in den Topf geben. 15 Min. gar ziehen lassen.
6. Hähnchenbrustfilets aus dem Topf nehmen und in Würfel schneiden.
7. Erdnussbutter und 2 EL Crème double in die Suppe geben und gut einrühren. Wer das Gemüse zu groß geschnitten hat, kann die Suppe jetzt noch kurz pürieren.
8. Chilischoten waschen, entkernen und klein schneiden.
9. Hähnchenwürfel wieder in die Suppe geben. Suppe mit Chili, Paprikapulver und Salz abschmecken.
   Mit Crème Double garnieren und servieren.

Shiitake-Cremesuppe

Ergibt: 5 Portionen * Zubereitung: 30–35 Min.
Nährwerte (pro Portion): 238 kcal, KH: 8 g , E: 6 g , F: 22 g

Einkaufsliste:

125 g Shiitake-Pilze
½ Zwiebel
125 g Butter
2 EL geröstete Sesamsamen
500 ml Hühnerbrühe
500 ml Rinderbouillon
3 EL Crème double
Salz
Pfeffer

So wird's gemacht:

1. Pilze putzen und in schmale Streifen schneiden. Zwiebel schälen und klein hacken.
2. Die Hälfte der Butter in einem Topf bei mittlerer Hitze erwärmen. Zwiebel und Pilze darin 5 Min. andünsten.
3. Die Sesamsamen in einem Mörser zerstampfen.
4. Hühnerbrühe und Rinderbouillon in den Topf geben. Die restliche Butter und den gemahlenen Sesam hinzugeben. Unter Rühren aufkochen. Hitze reduzieren und die Suppe 10 Min. leicht köcheln lassen.
5. Die Crème double unterrühren. Suppe mit Salz und Pfeffer abschmecken und mit Schnittlauch garniert servieren.

Die Cremesuppe schmeckt warm oder kalt sehr gut. Als Topping eignet sich frischer Schnittlauch.

Schnelle Misosuppe

Ergibt: 1 Portion * Zubereitung: 20 Min.
Nährwerte (pro Portion): 292 kcal, KH: 16g , E: 11g , F: 20g

Einkaufsliste:
1 TL Misopaste
1 Frühlingszwiebel
1 Handvoll Babyspinat
80 g Tofu
400 ml Hühnerbrühe
3 Shiitakepilze
1 TL Olivenöl

So wird's gemacht:

1. Misopaste mit ein wenig Wasser anrühren. Frühlingszwiebel waschen, putzen und fein hacken. Babyspinat waschen, trocken schütteln. Tofu würfeln.
2. Hühnerbrühe in einen Topf geben. Misopaste, Tofuwürfel, Babyspinat und Frühlingszwiebel hinzugeben. Aufkochen.
3. In der Zwischenzeit die Shiitakepilze putzen und in schmale Stücke schneiden. Olivenöl in einer Pfanne erhitzen. Pilze darin 3–4 Min. anbraten.
4. Die Pilze in die Suppe geben und 3–4 Min. ziehen lassen. Dann servieren.

Frische Karotten-Ingwer-Suppe

Ergibt: 2 Portionen * Zubereitung: 30 Min.
Nährwerte (pro Portion): 223 kcal, KH: 30g , E: 6g , F: 9g

Einkaufsliste:

5 Karotten
1 Zwiebel
1 Knoblauchzehe
1 TL Zucker
1 TL Tomatenmark
400 ml Gemüsebrühe
1 TL frischer Ingwer
1 TL Currypulver (mild)
1 Msp. Zimt
50 ml Orangensaft, frisch gepresst
1 TL Zitronensaft, frisch gepresst
Olivenöl
Salz
Pfeffer

So wird's gemacht:

1. Die Karotten waschen, putzen und in kleine Würfel schneiden. Zwiebel und Knoblauch schälen und fein hacken.
2. Zucker in einem Suppentopf bei mittlerer Hitze schmelzen und karamellisieren. Karotten und Zwiebeln sowie etwas Öl hinzugeben und 2–3 Min. dünsten. Knoblauch und Tomatenmark hinzugeben und 1 Min. dünsten.
3. Gemüsebrühe in den Topf geben. Suppe 20 Min. köcheln lassen.
4. Ingwer, Currypulver, Zimt sowie Orangen- und Zitronensaft in die Suppe geben. Suppe mit einem Stabmixer pürieren, mit Salz und Pfeffer abschmecken und servieren.

Thai-Curry-Suppe

Ergibt: 2 Portionen * Zubereitung: 30 Min.
Nährwerte (pro Portion): 426 kcal, KH: 15 g , E: 22 g , F: 36 g

Einkaufsliste:
2 Karotten
250 g Brokkoli
1 Zwiebel
1 EL Olivenöl
2 TL rote Currypaste
150 ml Hühnerbrühe
200 ml Kokosmilch
1 Stk. Ingwerknolle (1 cm)
150 g Hähnchenbrustfilets
1–2 EL frischer Koriander
1 Chilischote
Salz

So wird's gemacht:

1. Karotten putzen, schälen und in feine Streifen schneiden. Brokkoli waschen, putzen und würfeln. Zwiebel schälen und fein hacken.
2. Öl in einem Suppentopf bei mittlerer Hitze erwärmen. Zwiebel zusammen mit der Currypaste darin anschwitzen (ca. 3 Min.).
3. Hühnerbrühe und Kokosmilch in den Topf geben. Den Ingwer schälen, fein reiben und hinzugeben. Suppe aufkochen, danach die Hitze reduzieren und die Suppe 10 Min. köcheln lassen.
4. Hähnchenbrust waschen, mit einem Küchenpapier trocken tupfen, salzen und in Würfel schneiden. Zusammen mit den Brokkoliwürfeln und den Karottenstreifen in die Suppe geben. 10 Min. gar ziehen lassen.
5. Koriander waschen, trocken schütteln und fein hacken. Chili waschen, putzen und in feine Streifen schneiden.
6. Die Suppe mit Salz abschmecken, in Teller füllen und nach Belieben mit fein gehacktem Koriander und Chilistreifen garnieren. Servieren.

Tom Yam Gung

Ergibt: 2 Portionen * Zubereitung: 1 Std. 30 Min.
Nährwerte (pro Portion): 211 kcal, KH: 8g , E: 27g , F: 7g

Einkaufsliste:
250 g Garnelen
5 ganze Pfefferkörner (schwarz)
2 Stangen Zitronengras
½ EL Rapsöl
1 Stk. Ingwerknolle (ca. 2 cm)
100 g Champignons
1 Limette
2 kleine rote Chilischoten
4 EL Thai-Fischsauce
Zucker
1 Frühlingszwiebel
½ Bund Koriander
Salz

So wird's gemacht:

1. Garnelen schälen, den Darm entfernen, waschen und auf einem Küchenpapier trocknen lassen. Die Schalen nicht wegwerfen, sondern waschen und beiseitestellen.
2. Pfefferkörner etwas andrücken. Zitronengras waschen, putzen. 1 Stange in 2 cm lange Stücke schneiden. Die Stücke flach drücken (z. B. mit einem Nudelholz). Die 2. Stange beiseitelegen.
3. Rapsöl in einen Suppentopf geben und erhitzen. Die Garnelenschalen darin kräftig rösten (ca. 3–4 Min.). 1 l Wasser angießen. Pfefferkörner und Zitronengrasstücke in den Topf geben. Kurz aufkochen. Danach die Hitze reduzieren und den Fond 15 Min. köcheln lassen.
4. Ingwer schälen und in hauchdünne Scheiben schneiden.
5. Von der verbliebenen Stange Zitronengras die untere weiße Bulbe in hauchdünne Ringe schneiden.
6. Champignons waschen, abtrocknen, putzen. Die Stiele abschneiden (und in einem anderen Gericht verwenden, z. B. im Omelett). Die Pilzköpfe vierteln.
7. Den Garnelenfond aus dem Topf durch ein Sieb in eine Schüssel gießen. Den Fond zurück in den Topf gießen. Zitronengrasringe und Ingwerscheiben hinzugeben. Aufkochen. Danach die Hitze reduzieren. Garnelen in kleine, 1 cm lange Stücke schneiden

und zusammen mit den Pilzen in die Suppe geben. 3–4 Min. gar ziehen lassen.

8. Limette auspressen.
9. Chilischoten putzen, waschen, eventuell entkernen und in kleine Würfel schneiden.
10. In einer Schüssel die Chiliwürfel mit 4 EL Limettensaft, Fischsauce und einer Prise Zucker verrühren.
11. Frühlingszwiebel waschen, putzen und in hauchdünne Ringe schneiden. Koriander waschen, trocken schütteln und die Blätter abzupfen.
12. Limettensaft-Chili-Mischung und Frühlingszwiebelringe in die Suppe geben. Mit Salz abschmecken.
13. Die Suppe in Teller füllen und mit Koriander garniert servieren.

Spinat-Kokos-Suppe

Ergibt: 6-8 Portionen * Zubereitung: 20 Min.
Nährwerte (pro Portion): 208 kcal, KH: 13 g , E: 12 g , F: 11 g

Einkaufsliste:

1 Zwiebel
1 EL Butter
1 TL Currypulver
500 g frischer Spinat
25 g Kokoscreme
50 ml Sahne
1 l Hühnerbrühe
2 EL Mandelblättchen
Salz
Pfeffer

So wird's gemacht:

1. Zwiebel schälen und fein hacken.
2. Butter bei mittlerer Hitze in einem Suppentopf erwärmen. Zwiebel und Currypulver anschwitzen (ca. 3 Min.).
3. Spinat waschen und mit Kokoscreme, Sahne und Hühnerbrühe in den Topf geben. Aufkochen, danach die Hitze reduzieren und die Suppe 15 Min. köcheln lassen.
4. Mandelblättchen in einer Pfanne ohne Öl rösten.
5. Suppe mit einem Stabmixer kurz pürieren. Mit Salz und Pfeffer abschmecken. Mit den Mandeln garnieren und servieren.

Was wollen Sie gern essen? – Der kleine Geschmacks-Index

Etwas, das leicht schmeckt – Frische Küche

Etwas, das schnell fertig ist – Blitzküche

Etwas, das mich richtig satt macht! – Herzhafte Küche

Etwas, das auf dem Teller richtig was hermacht! – Festtagsküche

Etwas, das mir richtig gut tut – Gesunde Küche

Etwas, das mir bei Schietwetter Magen und See
wärmt! – Behagliche Küche

Etwas Cremiges – Wohlfühlküche

hutterstock.com; Bild 2: Vuk-Varuna/iStockphoto; Bild 3: ste-
om; Bild 4: marco mayer/Shutterstock.com; Bild 5: Brent Hofa-
.com; Bild 6: Lucky_elephant/Shutterstock.com; Bild 7: Tatiana Volgu-
ck.com; Bild 8: Natasha Breen/Shutterstock.com; S. 5: yonibunga/
.com; S. 8: Vuk-Varuna/iStockphoto; S. 9: Sara Winter/Shutterstock.com;
and E Dudzinscy/Shutterstock.com; S. 11: Africa Studio/Shutterstock.com;
mubus7/Shutterstock.com; S. 14: fotoknips/Shutterstock.com; S. 16: stevemart/
utterstock.com; S. 17: Aneta_Gu/Shutterstock.com; S. 19: violeta pasat/Shutterstock.com; S. 21: Lilyana Vynogradova/Shutterstock.com; S. 22: Dani Vincek/Shutterstock.com; S. 24: ElenaKor/Shutterstock.com; S. 25: marco mayer/Shutterstock.com; S. 26: Paul_Brighton/iStockphoto; S. 29: Fredograf/Shutterstock.com; S. 31: Dionisvera/Shutterstock.com; S. 32: phofotos/Shutterstock.com; S. 34: NADKI/Shutterstock.com; S. 35: Brent Hofacker/Shutterstock.com; S. 36: Heike Rau/Shutterstock.com; S. 37: Irina Shomova/Shutterstock.com; S. 39: Melanie Braun/Shutterstock.com; S. 40: Lucky_elephant/Shutterstock.com; S. 41: HandmadePictures/Shutterstock.com; S. 42: Shebeko/Shutterstock.com; S. 46: Tatiana Volgutova/Shutterstock.com; S. 47: Fanfo/Shutterstock.com; S. 48: Warren Price Photography/Shutterstock.com; S. 49: Photographee.eu/Shutterstock.com; S. 51: CRSPIX/Shutterstock.com; S. 52: Natasha Breen/Shutterstock.com; S. 53: ptyphoto/Shutterstock.com; S. 54: Dolly MJ/Shutterstock.com; S. 55: AS Food studio/Shutterstock.com; S. 56: L.Trott/Shutterstock.com; S. 57: GoBOb/Shutterstock.com; S. 59: Gayvoronskaya_Yana/Shutterstock.com; S. 60: MarjanCermelj/Shutterstock.com